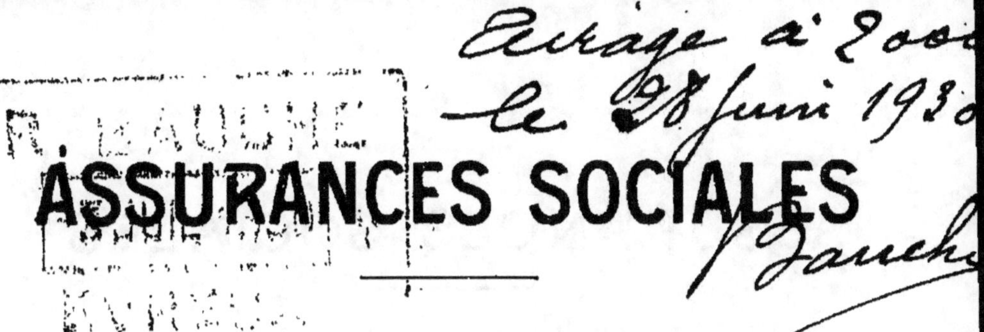

ASSURANCES SOCIALES

Loi du 5 Avril 1928

modifiée par la loi du 30 Avril 1930

RÉSUMÉ

édité par la Chambre de Commerce d'Evreux

ÉVREUX

DE L'IMPRIMERIE RENÉ BAUCHE

39, rue Chartraine, 39

1930

ASSURANCES SOCIALES

Loi du 5 Avril 1928
modifiée par la loi du 30 avril 1930.

Son but.

Couvrir les risques maladie, invälidité prématurée, vieillesse, décès, participation aux charges de famille et de maternité.

Assujettis obligatoires.

Les salariés dont le salaire ne dépasse pas 15.000 francs (sans enfants), 17.000 (un enfant), 19.000 (deux enfants), 25.000 (trois enfants et plus).

Les salariés étrangers *ayant leur résidence réelle et permanente en France* et y travaillant régulièrement depuis trois mois bénéficient des prestations prévues par la loi; sous réserve des conventions diplomatiques, à l'exception des allocations et des fractions de pensions imputables sur le fonds de majoration et de solidarité créé par la loi.

Cette disposition s'applique également aux salariés étrangers ayant leur résidence à l'étranger et leur lieu de travail permanent en France, à la condition qu'une convention ait été passée à cet effet avec leur pays d'origine.

Ressources.

1° Contribution de l'Etat ;
2° Versements pour moitié à là charge de l'assuré, pour moitié à la charge de l'employeur.

Ces versements sont divisés en deux parts égales qui, sous réserve de certains prélèvements, sont destinées, l'une à la couverture du risque vieillesse (capitalisation), l'autre à la garantie des risques maladie, maternité, décès, soins aux invalides (répartition).

Comment est effectué le paiement des cotisations ?

Au moyen de timbres apposés chaque mois, sur une carte annuelle, *risques capitalisation*, sur des feuillets trimestriels *risques répartition*.

Montant des cotisations des salariés travaillant pour un même patron.

Cinq catégories d'après le salaire moyen.

1° Un salaire moyen de 6 francs donne une cotisation de : 0 fr. 25 par jour, 1 fr. 50 par semaine, 6 francs par mois, 72 francs par an ;

2° Un salaire moyen de 12 francs donne une cotisation de : 0 fr. 50 par jour, 3 francs par semaine, 12 francs par mois, 144 francs par an ;

3° Un salaire moyen de 18 francs donne une cotisation de : 0 fr. 75 par jour, 4 fr. 50 par semaine, 18 francs par mois, 216 francs par an ;

4° Un salaire moyen de 24 francs donne une cotisation de : 1 franc par jour, 6 francs par semaine, 24 francs par mois, 288 francs par an ;

5° Un salaire moyen de 36 francs donne une cotisation de : 1 fr. 75 par jour, 10 francs par semaine, 40 francs par mois, 480 francs par an.

Ces cotisations sont doublées par l'employeur qui doit, en outre, verser une cotisation forfaitaire fixée chaque année et variant entre 160 et 320 francs pour chacun des salariés dont la rémunération varie entre 15.000, 18.000 et 25.000, qu'ils soient chargés de famille ou non.

Comment établir ce salaire moyen lorsqu'à la rémunération en espèces s'ajoutent la nourriture et le logement ?

Il convient d'ajouter au salaire réel payé en espèces une majoration de :

	Par jour.	Par semaine.	Par mois.
Nourriture......	3 50	24 50	105 »
Logement.......	1 10	7 70	33 »

pour les villes de 5.001 à 200.000 habitants, et de :

	Par jour.	Par semaine.	Par mois.
Nourriture......	2 15	15 05	64 50
Logement.......	0 55	3 85	16 50

pour les communes inférieures à 5.000 habitants.

FEMMES DE MÉNAGE ET SALARIÉS RÉMUNÉRÉS A L'HEURE OU A LA TACHE POUR EFFECTUER DES TRAVAUX DOMESTIQUES

Cette cotisation est fixée à 8 % du salaire réel payé aux intéressés, moitié à la charge de l'employé, moitié à la charge de l'employeur.

SALARIÉS TRAVAILLANT A FAÇON, AUX PIÈCES, A LA TACHE, A DOMICILE

La cotisation est fixée également à 8 % du salaire réel.

SALARIÉS RÉMUNÉRÉS A L'AIDE DE COMMISSIONS OU SUIVANT LE CHIFFRE D'AFFAIRES

Le salaire est évalué forfaitairement d'après le chiffre de la rémunération totale allouée au cours de l'année précédente par le même employeur pour un travail analogue.

A noter que la catégorie dans laquelle doit être rangé l'assuré est fixée par le service départemental sur les indications fournies par l'employeur.

Assurances agricoles.

Les salariés agricoles et les métayers sont assurés obligatoires et rangés dans les catégories établies d'après le salaire moyen, pour les salariés du commerce, de l'industrie et autres.

La cotisation est également dûe, moitié par l'assuré, moitié par l'employeur, mais elle est réduite au quart de la cotisation prévue pour la catégorie dans laquelle il est classé.

Les salariés agricoles ne sont ainsi garantis par la loi que pour le risque vieillesse, mais ils doivent obligatoirement s'affilier pour la maladie, la maternité et le décès à une Société de Secours mutuels des professions agricoles.

Risques maladie.

Garantissent à concurrence de (1)   :
Les frais médicaux et pharmaceutiques ;
Les frais d'hospitalisation ;
Les frais de chirurgie,
Pour l'assuré, son conjoint et les enfants à leur charge de moins de 16 ans.

Part contributive des Caisses
aux risques maladie.

Elle est fixée par les Caisses en tenant compte des tarifs médicaux de la région. Elle est *avancée* ou *remboursée* à l'assuré.

(1) Le chiffre est déterminé par le règlement intérieur des caisses primaires.

Si il n'y a pas possibilité de passer de convention avec les Syndicats médicaux, la Caisse prend en charge soit une part forfaitaire du prix médical, soit le versement à l'assuré d'une indemnité forfaitaire journalière égale à 20 % de la moyenne des salaires de base des adhérents.

En cas d'hospitalisation, la charge de la Caisse est comprise dans les limites des tarifs les plus bas des malades payants.

Si la maladie a duré plus de 15 jours, la Caisse, à partir du 16ᵉ verse au compte de l'assuré qui ne paie pas de cotisation, pendant la maladie ou le chômage, la moitié de la fraction de cotisation déterminée d'après le salaire de base et affectée au risque vieillesse.

Part contributive de l'assuré aux risques maladie.

Frais médicaux. — 15 % pour les deux premières catégories ; 20 % pour les trois autres.

Frais pharmaceutiques. — 15 % pour toutes catégories.

Le total de ces frais ne pourra excéder, par jour de maladie, 50 % de la moyenne journalière générale des salaires de base ayant donné lieu, l'année précédente, à cotisation.

En cas de versement d'indemnité forfaitaire (1), cette contribution ne joue pas.

Indemnités d'interruption de travail.

A *partir du* 6ᵉ *jour,* indemnité par jour ouvrable pendant 6 mois maximum, égale à la moitié du

(1) A défaut de convention avec les syndicats.

salaire de base de la catégorie à laquelle il appartient.

A partir du 4ᵉ jour, si l'assuré a au moins trois enfants à sa charge.

Conditions donnant droit aux prestations médicales, pharmaceutiques et d'interruption de travail.

Il faut avoir cotisé 60 *jours* pendant les trois mois antérieurs à la maladie, ou 240 *jours* pendant les douze mois la précédant.

Contrôle (art. 7).

La Caisse a pleins pouvoirs pour exercer les contrôles qu'elle juge nécessaires.

Les contestations sont jugées par une commission technique :

Le médecin traitant ;

Un médecin désigné par la Caisse ;

Un médecin désigné par le juge de paix.

Risques maternité.

Avantages médicaux et pharmaceutiques au cours de la grossesse et des six mois qui suivent l'accouchement, pour *l'assurée et la femme de l'assuré.*

L'assurée seule a droit aux indemnités journalières.

Elle doit, dans tous les cas, avoir cotisé 60 jours, 3 mois avant, ou 240 jours pendant l'année qui précède.

Primes d'allaitement.

Pendant 9 mois au maximum.

 150 francs par mois pendant 4 mois.
 100 — — 2 —
  50 — — 3 —

Bons de lait en cas d'incapacité physique d'allaiter et de maladie.

Risques invalidité (art. 10).

Si, à l'expiration des six mois donnant droit à l'indemnité journalière l'assuré a perdu deux tiers au moins de sa capacité de travail, il a droit à une pension d'invalidité basée provisoirement sur le barême d'application de la loi du 31 mars 1919 sur les pensions :

Pour 30 années de versements, pension égale à 40 % du salaire annuel moyen.

Pour 6 ans de versements, le minimum de la pension est de 1.000 francs, et pour moins de 6 ans de 600 francs.

En cas de contestation, la question est soumise à la commission technique avec appel devant la section permanente du Conseil supérieur des Assurances Sociales.

Risques vieillesse.

PENSION DE RETRAITE AU SALARIÉ DE 60 ANS

Pour la période transitoire, un délai de 5 ans de versements est exigé pour ouvrir droit à pension de retraite.

La pension de retraite de l'assuré est constituée par l'affectation d'une somme fixée annuellement par décret et qui ne sera pas inférieure à 3,60 % du salaire de base (assurés ayant atteint ou dépassé 30 ans); à 2 % (assurés n'ayant pas atteint cet âge).

Montant de la **pension de retraite**.

A 60 ou 65 ans, 30 années entières de versements de chacune 240 cotisations journalières : 40 % du salaire moyen, augmentation de 1/10e si l'assuré a élevé 3 enfants jusqu'à 16 ans.

Pour la période transitoire, ceux qui auront effectué *chaque année* des versements correspondant à 240 jours de cotisations, la pension sera égale à 1/30e par an de la pension normale, sans pouvoir être inférieure à 600 francs.

Les salariés âgés de 60 à 65 ans au moment de la mise en vigueur de la loi, dont le salaire est égal à celui des assurés obligatoires peuvent s'assurer pour le risque vieillesse en versant la cotisation ouvrière totale, et au bout *de 5 ans* auront droit à un minimum de pension de 500 francs.

Ils ont la facilité de demander la liquidation de la retraite et de conserver pour l'assuré et le conjoint le bénéfice de l'assurance maladie en versant à la Caisse primaire, une cotisation mensuelle de 15 francs.

Anciens combattants.

L'article 51 § 5 de la loi des Assurances Sociales réserve aux Anciens Combattants et Victimes de la guerre, assujettis à la loi, un avantage très appréciable, leur part de cotisation des Assurances Sociales peut bénéficier d'une subvention d'Etat de 25 % à 60 % suivant l'âge. Il suffit :

1° Pour les *Anciens Combattants*, de posséder, soit la Médaille interalliée, soit la Carte du Combattant ; pour les *Veuves et Orphelins de guerre*, de produire les pièces identifiant leur situation ;

2° Avant le 1ᵉʳ *juillet* 1930 (dernier délai), de souscrire une retraite à la *Caisse Autonome de Retraites de la Fédération des Unions Mutualistes de la Seine-Inférieure et de l'Eure,* ou tout autre caisse autonome, habilitée à recevoir les cotisations des Anciens Combattants, et de verser avant cette date le montant total d'une cotisation minima de même valeur que la part de cotisation mise à la charge du salarié par la loi des Assurances Sociales, c'est-à-dire :

1ʳᵉ catégⁱᵉ. — Salaire annuel inférieur à 2.400 fr.   72 »
2ᵉ catégⁱᵉ. — De 2.400 à 4.499 fr .... 144 »
3ᵉ catégⁱᵉ. — De 4.500 fr. à 5.999 fr .... 216 »
4ᵉ catégⁱᵉ. — De 6.000 fr. à 9.599 fr .... 288 »
5ᵉ catégⁱᵉ. — De 9.600 fr. et plus .... 480 »

Risque décès (art. 19).

Versement aux ayants-droit d'un capital fixé à 20 % du salaire moyen annuel.

Il sera de 1.000 francs au moins si l'assuré a fait régulièrement des versements depuis son immatriculation, mais ne pourra dépasser les 2/3 du salaire réel annuel.

Charges de famille.

Les allocations pour charges de famille sont dues en cas de maladie, d'invalidité, de grossesse ou de décès.

1° Majoration de l'indemnité journalière de 1 franc par enfant ;

2° Majoration de la pension d'invalidité de 100 francs par enfant ;

3° Majoration du capital au décès de 100 francs par enfant.

(Enfants de plus de 6 semaines et de moins de 16 ans.)

Chômeurs.

L'assuré en chômage involontaire et inscrit à un Office de placement a droit, pendant quatre mois au maximum. sur douze, au versement de la double contribution ouvrière et patronale.

Pour bénéficier de cette disposition, l'assuré devra compter une année entière d'affiliation et avoir cotisé régulièrement 60 jours pendant les 3 mois précédents ou 240 jours pendant l'année précédente.

Le contrôle des chômeurs est effectué par l'office central et les offices régionaux de la main-d'œuvre.

Assurance facultative.

Ses Conditions

Tous ceux qui *sans être salariés* vivent du produit de leur travail, et si ce produit n'excède pas le montant des salaires fixés pour l'assurance obligatoire peuvent être assurés facultatifs.

Cette assurance peut être également pratiquée par les Caisses primaires.

Les assurés facultatifs sont admis aux mêmes conditions que les assurés obligatoires, mais sur présentation d'un certificat médical.

L'assuré facultatif fixe le montant de sa cotisation à une somme ne pouvant excéder 10 % de son gain annuel ni être inférieure à 240 francs par an.

Cette cotisation est réduite à 120 francs s'il ne s'assure que pour la vieillesse.

L'assurance vieillesse peut être contractée au moment de la mise en application de la loi, au-delà de 60 ans et jusqu'à 65 ans, avec durée minima de versement de 5 ans.

SES AVANTAGES

Les assurés facultatifs sont garantis pour la totalité ou une partie des risques couverts par l'assurance obligatoire.

Il leur appartient de se prononcer à ce sujet.

Les femmes non salariées des assurés obligatoires ou facultatifs sont admises aux bénéfices de l'assurance facultative ou d'une assurance spéciale. Si elles réclament leur inscription dans le délai de 6 mois à dater de l'application de la loi, ou de leur mariage si elles ont moins de 35 ans.

Pour l'assurance spéciale, la cotisation est fixée à 10 francs par mois, leur donnant droit à l'assurance maladie, *en dehors de l'indemnité journalière* et de *la pension d'invalidité* à moins d'incapacité totale.

Les salariés qui désirent être admis au bénéfice de l'assurance facultative doivent en faire la demande au service départemental ou à la Caisse primaire dont ils ont fait choix.

OBLIGATION DES CAISSES (art. 40.)

Le Caisses doivent établir, avec *l'approbation du Ministre du Travail*, un règlement fixant les conditions d'admission des assurés facultatifs.

Les Caisses doivent également établir une comptabilité distincte des opérations de l'assurance obligatoire.

Les Caisses tiennent également un compte distinct pour les opérations relatives à l'assurance spéciale des femmes non salariées des assurés obligatoires ou facultatifs.

DÉPASSEMENT DU SALAIRE MOYEN

En cas de dépassement, l'assuré est prévenu que, dans un délai de 6 mois, à dater de la notification, il cessera de bénéficier de l'assurance maladie et que les cotisations versées de ce chef seront affectées aux assurances décès — invalidité vieillesse — à moins qu'il ne réduise lui-même sa cotisation du montant correspondant à l'assurance maladie.

S'il s'agit d'un *assuré obligatoire*, il cesse d'être affilié à l'assurance obligatoire et il peut bénéficier de l'assurance facultative, le chiffre limite de son salaire moyen pouvant ainsi être augmenté de 2.000 francs.

Les assurés facultatifs qui deviennent assurés obligatoires conservent les droits acquis.

Caisses d'assurances (art. 26).

La gestion des Assurances Sociales est confiée :

1° A des Caisses primaires ;

2° A une Caisse primaire départementale ou inter-départementale, constituées et administrées conformément aux prescriptions de la loi du 1er avril 1898 sur les Sociétés de Secours Mutuels.

Les Caisses primaires ont pour objet la maladie, la maternité, le décès et les soins aux invalides (risques de répartition).

A signaler que la loi nouvelle ne fixe pas de conditions d'effectifs pour couvrir les risques invalidité, vieillesse, mais que le règlement d'administration publique chargé de fixer des effectifs minima envisagera sans doute le chiffre de 50.000 accepté par la Chambre.

— Les Caisses primaires assurent vis-à-vis des adhérents des Sociétés de Secours Mutuels dont elles sont l'émanation, le fonctionnement de la loi, étant entendu que ces adhérents appartiennent à cette Société, 3 mois avant la mise en application de la loi.

La Caisse primaire *départementale* assure les risques de répartition pour tous les assurés non inscrits à une autre Caisse primaire.

Les risques de capitalisation sont, *en règle générale*, couverts par la Caisse Nationale des Retraites pour la vieillesse.

Caisses primaires.

ADMINISTRATION

A l'origine, le Conseil d'administration de l'organisme qui les constitue.

L'Assemblée générale des membres de la Caisse primaire élit, dans un délai de 3 mois, le Conseil d'administration de la Caisse.

Ce Conseil comprend 18 membres au moins, 9 ou moitié *d'assurés élus* ;

2 praticiens choisis sur une liste présentée par les Syndicats professionnels, *s'il y a eu convention*. A défaut de convention, 2 praticiens choisis par l'Assemblée générale ;

6 représentants *au moins* des employeurs choisis par les employeurs d'assurés de la Caisse.

Ce chiffre donnant 17, il doit y avoir obligatoirement une désignation complémentaire, soit parmi les assurés, soit parmi les employeurs.

AGRÉMENT

Ces Caisses doivent être agréées par le Ministre du Travail.

Elles doivent, notamment, avoir été inscrites dans les conditions fixées par la loi du 1er avril 1898, au répertoire des Sociétés de Secours Mutuels.

Elles ont, naturellement, le battement des 3 mois prévus, pour établir les statuts, s'inspirant du règlement-type élaboré par le Ministre du Travail pour satisfaire aux dispositions de cette loi.

RESSOURCES

La Caisse des Dépôts et Consignations porte au crédit des Caisses primaires, pour chacun des adhérents la portion de cotisation afférente aux risques couverts par ces Caisses.

FONCTIONNEMENT FINANCIER

Les Caisses d'assurances ouvrent des comptes spéciaux aux :

Caisses de répartition :

1° Assurance maladie ;

2° Soins aux invalides ;

3° Assurance maternité ;

4° Assurance décès ;

5° Service de la garantie des droits à l'assurance en cas de chômage ;

6° Charges de famille ;

Caisses de capitalisation :

7° Assurance invalidité ;

8° Assurance vieillesse.

Les frais de fonctionnement seront fixés par décret rendu sur la proposition du Ministre du Travail, dans la limite d'un maximum de 3,50 % des cotisations reçues.

Les sommes dépassant l'encaisse qu'elles sont autorisées à conserver doivent être déposées, soit à la Caisse des Dépôts et Consignations, soit à la Banque de France.

Les disponibilités peuvent être employées :

1° Notamment, en valeurs d'Etat ;

2° A concurrence de moitié, en prêts aux départements, communes, chambres de commerce, etc...

(Voir art. 31, 32, 33.)

Règlement d'administration

Toute Caisse doit élaborer un règlement d'administration intérieure qui est approuvé par le Ministre du Travail.

Frais de premier établissement

Des avances remboursables peuvent être consenties aux Caisses *par le Trésor*. Un décret en déterminera le maximum.

Ces avances seront remboursées dans l'année au Trésor par la Caisse générale de garantie qui les récupérera, dans un délai maximum de 15 ans, sur les Caisses.

Fonds de majoration et de solidarité.

Ce fonds alimenté dans les conditions prévues par l'article 69 de la loi assure le paiement des dépenses à la charge de de l'Etat pour l'application de cette loi.

Fonds de garantie et de compensation.

Ce fonds alimentée par *un versement* de 2 % de toutes les cotisations reçues par les Caisses, par *un prélèvement* sur la double cotisation ouvrière et patronale, par *une retenue* sur le montant des cotisations revenant aux Caisses primaires pour les services de répartition, par *un prélèvement* sur les excédents annuels de recettes afférents à ces services.

Le fonds de garantie et de compensation est destiné à couvrir éventuellement les insuffisances des recettes des Caisses d'assurances et à parer à leur insolvabilité.

Ces deux fonds sont gérés par la Caisse générale de garantie.

Evreux, imprimerie René BAUCHE. — 1458-630.